Tatyana Galán

Microteatro para reir y pensar

Tatyana Galán

Microteatro para reir y pensar

Pequeñas grandes historias

JustFiction Edition

Cover image: www.ingimage.com

Publisher:
JustFiction! Edition
is a trademark of
International Book Market Service Ltd., member of OmniScriptum Publishing Group
17 Meldrum Street, Beau Bassin 71504, Mauritius

Printed at: see last page
ISBN: 978-613-9-42340-8

Microteatro para reir y pensar

de Tatyana Galán

con prólogo de Diego Ramírez

A todos los amantes fieles del teatro...
A Gabriel, Mauro, mamá, papá y Pablo, mis personajes reales favoritos...
A mi padrino, un espléndido escritor que me dejó crecer con sus historias...

PRÓLOGO

Diego Ramírez

Como casi todas las cosas buenas que me han pasado, Tatyana Galán me pasó por casualidad. Imaginad que pudiésemos saber, en el preciso momento en que conocemos a alguien (y así de forma harrypotteriana) hasta qué punto esa persona va a ser importante en nuestra vida. ¿Lo imagináis ya? Efectivamente, sería un auténtico rollo. Y es que creo que lo mejor de las grandes relaciones, como ocurre con las grandes historias, es ir descubriendo su verdad y auténtica dimensión poco a poco. Ay, si a mí aquel día me hubiese chivado un elfo (¿hay elfos en 'Harry Potter'?) que Tatyana Galán cambiaría mi vida... No, no temáis, que no os voy a relatar aquí y ahora ni cómo conocí a la Galán, ni a través de qué intrincados senderos nos condujo el destino hasta convertirnos en lo que hoy somos. Eso, con vuestro permiso o sin él, es únicamente suyo, mío y de quien nos conoce un poquito a ambos.

Lo que sí me apetece contaros, con motivo de esta fascinante ocasión, es quién es en realidad Tatyana Galán. ¿Preparados? Pues Tayana Galán es en realidad... alguien que te abraza y se convierte al instante en el hogar más acogedor de todo el universo conocido. Con sólo una mirada, Tatyana, *Taty* para los amigos (y a estas alturas de prólogo es evidente que lo soy), es capaz de calmarte, emocionarte, congelarte o hacerte reír hasta quedar sin respiración. Yo no me he reído tanto en mi vida como lo he hecho con ella. Y yo no me he desdibujado tanto sobre un escenario como lo he hecho junto a ella. Porque además de ser una gran dramaturga, es una actriz brillante. Y es muchas más cositas, o cosotas. Os cuento: Taty es compañera, confidente, maestra, guía, hermana, hija, esposa, madre... Pero para mí, es sobre todo ejemplo; ejemplo de cómo escribir honrando este bendito oficio que es el teatro, y de cómo vivir amando la vida. Si aún no habéis tenido la gran suerte de conocerla en persona, os voy a dar una pista: Taty es aquello que escribe. Desde el chispeante humor de 'Caprichos' y la tragedia desgarradora de 'Inseparables', hasta la denuncia social de 'Saneamiento', cuando uno lee las obras de Tatyana Galán, la está leyendo a ella.

"Cada minuto de cada hora de cada día puede ser el último, y no nos damos cuenta...". Cuando os digo que Tatyana Galán cambió mi vida, no exagero. Hace ya varios años, la del Bierzo decidió aventurarse de mi mano, pero completamente a ciegas, en una travesía tan humilde como excitante, una breve pieza teatral que escribí a modo de catársis para no ahogarme en la pérdida de mi madre. Puede parecer que acabo de ponerme serio, pero en realidad llevo serio desde la primera línea. Lo que Taty hizo con aquella pequeña historia y con Loreto, su personaje, sólo lo sabemos quienes pudimos vivirlo. Pero aún más importante fue lo que hizo conmigo. En aquel momento, el peor de mi vida, Tatyana Galán me dio una razón para seguir adelante. Confió en mí, creyó en el proyecto e hizo lo indecible para poder subirse al escenario junto a mí cada noche de función. Pero más allá de todo eso, Taty me regaló su alma, o mejor dicho, se la entregó a Loreto en cada pase. Con ello, al público lo enamoró, y a mí me devolvió la ilusión por escribir, por actuar... y por vivir.

Esa es en realidad Tatyana Galán de Anta. Alguien que con su sencilla, única y maravillosa manera de existir en este mundo, dentro y fuera del escenario, te recuerda que lo más bonito de la vida es eso, vivirla.

Ahora que ya os he desvelado su verdadera identidad, voy a hacer tres cosas. En primer lugar, voy a darle las gracias: gracias, Taty, por tanto. En segundo lugar, voy a decir -por si acaso no hubiese quedado ya claro- que la quiero: la quiero muchísimo. Y en tercer lugar, voy a lanzar un deseo al cosmos: deseo que esta mujer excepcional no deje nunca de observar el mundo, porque sólo así podrá seguir mostrándonoslo a través de sus palabras, sus personajes y sus historias.

Querida mía, nunca dejes de amar la vida. Y nunca dejes de amar el teatro. Y sobre todo, nunca dejes de luchar porque otros lo descubran y puedan así amarlo también.

Diego Ramírez

Índice

-SANEAMIENTO-

(Dos sillas, una lámpara. La sala de espera de un lugar. Quizás un revistero...

Valentín llega primero, lleva un periódico, se sienta a leer. Después entra Mina.)

Mina- Buenos días, ¿Está usted esperando?.

Valentín- Pues usted dirá... Estoy sentado, leyendo, esto es una sala de espera. Si une usted todas las pistas, tendrá la respuesta.

Mina- ¡Claro que sí, hombre, era una pregunta retórica!, Por entablar conversación.

Valentín- ¿Es que no sabe usted hablar del tiempo?.

Mina- ¿Del tiempo?...

Valentín- Sí, del tiempo. Lo típico. Que si hace calor, que si ¡cómo llueve!, que si no vea como ha refrescado... ¡Lo que es el tiempo como concepto atmosférico!.

Mina- ¡Hombre, todo el mundo sabe hablar del tiempo! No hay más que asomarse a la calle y relatar lo que pasa...

Valentín- Por eso todo el mundo entabla conversaciones así. Es un tema muy empático. Todos sufrimos las aventuras y desventuras del tiempo.

Mina- Tiene usted razón. Ha sido una torpeza por mi parte. ¿Le gustaría volver a empezar?.

Valentín- ¿Volver a empezar?...

Mina- Sí, volver a empezar la escena. Yo me voy, y usted hace como si no hubiera entrado. De pronto, vuelvo a entrar e intento entablar conversación con usted, hablando del tiempo.

Valentín- Pues no sé, ¿No le parece un poco absurdo?.

Mina- Tener una segunda oportunidad no es absurdo es fabuloso...

Valentín- Tiene usted razón. Está bien, hagámoslo, volvamos a empezar.

(Valentín se acomoda sobre su silla. Estira su periódico. Mina sale de escena y, de nuevo, vuelve a entrar con cierta prisa.)

Mina- Buenas tardes, ¡Huy, no vea cómo llueve! Es horrible, me he puesto pingando. ¡Caen chuzos de punta!.

Valentín- *(Se levanta con cara de extrañeza. Mira por una ventana imaginaria. Se para frente a ella y niega.)* Pero ,oiga, ¿Dónde ha visto usted que llueva?.

Mina- ¡Ah, no sé, me lo he inventado!

Valentín- ¿Que se lo ha inventado?.

Mina- Sí, no sé.Daba igual la realidad, el caso era hablar del tiempo por entablar conversación.

Valentín- ¡La realidad nunca da igual!. Si usted miente sobre el tiempo todo el mundo se va a enterar, y entonces el inicio de esta historia no tendrá sentido. ¡Cualquiera puede darse cuenta de que no está lloviendo, hasta un ciego…!

Mina- Tiene usted razón. *(Mira por la ventana, decepcionada.)*

Valentín- ¿Qué le costaba ser sincera? ¿Por qué tenía que empezar mintiendo?...

Mina- No sé, discúlpeme, no me parecía importante.

Valentín- La veracidad de una historia siempre es importante, comenzar con la verdad siempre lo es. ¿Es usted periodista?...

Mina- ¿Periodista? No.

Valentín- Vaya, pues podría serlo perfectamente. Son muy dados a que la realidad les de igual. No hay más que leer la prensa.

(Silencio. Valentín se sienta, mira el periódico con cierto desprecio.)

Mina- Entonces, ¿quiere que volvamos a empezar?.

Valentín- Déjelo, no me apetece hablar del tiempo.

Mina- No, si yo era por...

Valentín- Sí, por entablar conversación. Ya lo sé.

Mina- Oiga, que si no quiere, yo me quedo en mi silla *(Se sienta en la otra silla)* en silencio tan ricamente. Y nos dejamos de conversaciones sobre el tiempo.

Valentín- Será lo mejor.

(Silencio)

Mina- ¿Qué le costaba hacer como si lloviera? ¿Era tan difícil?.

Valentín- ¡Oiga, el tiempo es real! ¿Por qué tendría que inventarme que está lloviendo, cuando no es cierto?...

Mina- Porque nunca llueve a gusto de todos...

Valentín- Eso es una frase hecha.

Mina- Sí, ¿qué pasa?, ¿tampoco es cierta?

Valentín- Claro que lo es. Tan cierta como que estamos vivos. Esa hubiera sido una buena manera de entablar una conversación.

Mina- ¿Con una frase hecha?

Valentín- Sí, una frase de ésas con las que todo el mundo conecta.

Mina- ¿Quiere que vuelva a entrar con una frase hecha?.

Valentín- Sí, en realidad me gustaría.

Mina- Está bien. Mira que es usted caprichoso.

Valentín- Hay que empezar con buen pie, ¡Mire, otra frase hecha!.

(Mina sale. Valentín espera sobre su silla. Abre de nuevo el periódico.)

Mina- Bueno, y con esto y un bizcocho, hasta mañana a las 8. *(Valentín la mira extrañado. Mina se sienta orgullosa. Sonríe. Silencio.)*

Valentín- ¿Pero qué ha hecho?. *(Se levanta con indignación.)*

Mina- Entrar con una frase hecha. ¿Qué le ha parecido?.

Valentín- ¡Pues perdone que le diga, me ha parecido una mierda!.

Mina- ¡Oiga, es que no hay manera de darle gusto! Yo estoy poniendo todo de mi parte, pero no sé cómo darle gusto!.

Valentín- ¿Se da cuenta, de que ha entrado, con una frase de despedida?.

Mina- Usted no especificó. Lo que quería, cuando entraba, era ganarme su atención, que le entraran ganas de hablar conmigo.

Valentín- ¿Con una persona que se despide cuando llega?.

Mina- Con la única persona que entra a hacerle compañía, mientras espera, y quiere entablar conversación con usted.

(Silencio)

Valentín- *(Se relaja, se sienta. Suspira. Mira al frente. Se siente ligeramente* *avergonzado.)* ¿Qué hace usted aquí?

Mina- ¿Otra vez se va a poner borde?

Valentín- No, se lo pregunto de buenas.

Mina- ¡Ah, disculpe! Pues vengo a suicidarme.

Valentín- ¿En serio?.

Mina- Sí, ¿le sorprende? ¿Le parece una buena manera de comenzar a charlar?.

Valentín- No, es solo que yo también.

Mina- ¿Usted también qué?.

Valentín- Que yo también vengo a suicidarme. Y me ha hecho gracia la coincidencia. Fíjese, no lo habría dicho nunca.

Mina- ¡Ah, no!, ¿ y eso por qué?

Valentín- Por su manera de entablar conversaciones.

Mina- *(Anonadada.)* ¡Eso es una estupidez!.

Valentín- ¡Para nada! El suicida tiene las cosas claras, no duda, jamás diría que está lloviendo, cuando hace sol, y, sobre todo, sabe que no se puede volver a empezar.

Mina- Oiga, ¿Acaso usted lo sabe todo? ¿Acaso va a decirme a lo que vengo, y por qué vengo? ¡Es que ya no se puede ni suicidar una tranquila!.

Valentín- No me malinterprete. Usted puede hacer lo que quiera, pero permítame decirle que es usted una suicida algo, desaliñada, y desde luego nada metódica.

Mina- No quiero seguir escuchándole. Es un amargado y un absurdo.

Valentín- Pero muy metódico...

Mina- ¡Cállese! Vamos a esperar en silencio, será lo mejor. A no ser que quiera ahorrarse usted lo que le va a costar el suicidio y le hago yo un "apañito"... *(Con violencia sibilina).*

Valentín- *(Con cierto miedo.)* Esperemos en silencio...

(Silencio. Valentín lee. Mina se mordisquea las uñas.)

Valentín- Viene usted por el saneamiento, imagino.

Mina- ¡Como todo el mundo!.

Valentín- No se crea; hay gente que viene por convencimiento propio, por mera elección. No por qué le haya tocado.

Mina- De las opciones que tenía, era la que más me gustaba. Me sonaba bien. AL menos, la decisión de morir, a efectos legales, parecerá mía.

Valentín- ¡Mire, en eso estamos de acuerdo!. Yo lo tuve claro desde el principio.

Mina- ¿Cuándo le comunicaron que había sido elegido?.

Valentín- Hace tres meses. Llevaba ya casi dos años al paro.

Mina- ¿No me diga? Yo llevaba nueve meses al paro, pero es que además me embargaron la casa. Era un lastre total.

Valentín- ¡Ya lo creo que lo suyo era más grave!. Yo al menos tenía mi casa pagada. Bueno, la de mi madre, que me quedó en herencia.

Mina- ¿Intentó usted reclamar?.

Valentín- ¿Para qué? Con lo que tardan, no hubiera hecho más que perder el tiempo...

Mina- En eso tiene usted razón. Lo mejor es, cuando te toca el saneamiento, decidir rápido y que acabe pronto.

Valentín- ¡Muerte accidental!... Estuve a punto de elegir ésa. Hubiera sido una buena elección. Al menos no sabes, cuando te llega. Estás tan campante, te cae una maceta, y sanseacabó.

Mina- A mi la otra opción que no me disgustaba era "muerte a cargo de un sicario". Y la barajé, no se crea... Pero luego es que me dio pereza, pensé que iría por la calle y todo el mundo me parecería sospechoso.

Valentín- Tiene razón, es un jaleo. Hemos hecho bien.

Mina- Mi vecina la del tercero, a la que también la escogieron para "el saneamiento", escogió "Muerte tonta". ¡Bromista hasta el final, la mujer!

Valentín- ¿Y cómo murió?.

Mina- Cortándose el pelo.

Valentín- ¡Qué muerte más tonta!

Mina- Pues ahí lo tiene.

(Una voz sale desde dentro de la sala.)

Voz- ¡El siguiente, por favor!.

Valentín- Parece que me toca.

Mina- Pues nada, hombre, que le vaya bien.

Valentín- *(Se va a ir, pero se da la vuelta.)* ¡Oiga, no le he preguntado el nombre!, y esa es una buena manera de entablar conversación.

Mina- Si que lo es.

Valentín- ¿Me lo va a decir?.

Mina- Me llamo Mina.

Valentín- ¡Anda, pues tiene usted un nombre perfecto para ser terrorista!.

Mina- Pues preferí ser peluquera.

Valentín- ¡Fíjese qué curioso! *(Se va a ir.)*

Mina- ¿Y usted?.

Valentín- Yo preferí ser profesor.

Mina- No, me refiero a su nombre.

Valentín- Valentín.

Mina- Pues tiene usted un nombre perfecto para ser suicida.

Valentín- ¿No me diga? ¡Gracias por el cumplido!.

Mina- Es la verdad, es idóneo.

Valentín- Pues, fíjese usted, ya me voy más tranquilo. *(Sale.)*

-FIN-

-

-METAMORFÓSIS-

(Antonio y Trini en su casa. Él ve la tele como si no hubiera un mañana. Ella bate huevos, mientras charla. Él está sentado, ella de pie. Ella se mueve, él está muy estático.)

Trini- Antonio, ¿Tú has oído hablar de Kafka?...

Antonio- ¿Quién?

Trini- Franz Kafka.

Antonio- ¿Quién es: el rumano éste que ha montado abajo el taller?.

Trini- No seas bruto, ¡Es el escritor alemán…, Antonio!.

Antonio- ¡Ah, no, yo prensa no leo…!

Trini- Que no, Antonio, que escribía libros, novelas... llenas de temas y arquetipos sobre la alienación, la brutalidad física y psicológica, los conflictos entre padres e hijos, personajes en aventuras terroríficas, laberintos de burocracia y transformaciones místicas.

Antonio- Pero ¿y tú de dónde te has sacao todo eso?.

Trini- Pues, Antonio, de la wikipedia, que hay que estar al día. Es que no sabemos nada. Este hombre, Kafka, hablaba del existencialismo, del por qué del ser...

Antonio- ¿De la Cadena Ser? ¿Pero salía también por la radio?.

Trini- Que no, de los seres humanos, de nosotros, de por qué existimos. ¿Cómo iba a salir hablando por la Ser, si no hablaría castellano?. Era de Praga.

Antonio- No sé que te ha dado esta noche con ese tema tan raro. ¿Y tú, desde cuándo usas la chikipedia ésa?.

Trini- La Wikipedia, Antonio, que no te enteras. Pues le dije a tú hijo que me enseñara a usar el ordenador, que hay que modernizarse. Ya tengo "imeil" y todo...

Antonio- ¿El qué?.

Trini- Pues como lo de las cartas de los buzones de toda la vida pero sin cartero, ni moto, todo por internete.

Antonio- ¡Hay que joderse, lo que te aburres! Si tuvieras que ir a trabajar, no estabas para ponerte a mirar esas tontadas.

Trini- Me estoy cultivando Antonio.

Antonio- Yo pensé que cultivar, se cultivaban las plantas.

Trini- ¡Y las personas! Eso sí que es importante: saber del mundo. Fíjate si tú y yo, en vez de hablar de los furúnculos que le han salido a tu madre y del perro de la vecina que se caga en el portal, hablásemos de Kafka, o de Miguel Ángel...

Antonio- ¿Tu primo el de Extremadura?.

Trini- No, Antonio, el artista, el de la Capilla Sixtina.

Antonio- ¿Y a mi qué coño me importa ese señor?.

Trini- Pues era un visionario, y uno de los más grandes artistas de la historia, tanto por sus esculturas como por sus pinturas y obra arquitectónica.

Antonio- ¿Eso también te llegó por "imail"?.

Trini- No, es de la Wikipedia, como lo de Kafka. Hay un montón de información de todo tipo, y la pone ahí la gente que sabe mucho. Cualquiera puede escribir sobre cualquier cosa, y luego vas tú y lo buscas para saber más.

Antonio- ¿Y de mí qué dicen?.

Trini- No creo yo que estés tú en la Wikipedia, Antonio. Ahí está la gente importante.

Antonio- ¡Anda la hostia, la lista… !

(Silencio, sonido de huevos batiéndose.)

Trini- Y ya he chateao alguna vez también.

Antonio- ¿Qué dices, Trini, qué es eso?.

Trini- Pues hablar con otras personas, de Kafka y otros personajes interesantes de la historia.

Antonio- ¿Pero, qué personas?. *(La mira por primera vez.)*

Trini- Pues personas, gente que se cultiva, y entran en los chats para conocer a otras personas interesantes, y también cultivadas... Hombres y mujeres...

Antonio- Hombres...

Trini- Sí, hombres.

Antonio- Hombres cultivados.

Trini- Sí, Antonio, hombres cultivados que hablan de arte.

Antonio- Esos lo que quieren es hacerse una paja delante de la pantallita, mientras tú crees que hablas con "erutitos".

Trini- ¡Eruditos, Antonio!.

Antonio- ¡Bueno, mira, que me da igual! Déjame de chorradas y venga esa tortilla, coño.

(Silencio.)

Trini- A veces me hablan de la lencería.

Antonio- ¿Qué dices, qué lencería?.

Trini- Pues la mía, ¿cuál va a ser?...

Antonio- ¿A las bragas esas blancas les llamas tú lencería?.

Trini- ¡Qué desagradable eres, Antonio! Pues ellos me preguntan...

Antonio- A ver, ¿qué coño te preguntan concretamente?

Trini- Por la ropa que llevo. La de dentro y la de fuera.

Antonio- ¿Y tú qué les dices?.

Trini- Que estoy casada, y que a mi marido no le gustaría que fuera contando eso por ahí.

Antonio- Pues ¡muy bien! Trinidad, eso es lo que tienes que hacer. *(Se gira de nuevo a la tele.)*

(Silencio.)

Trini- Algunos me piden que ponga la "cam".

Antonio- Está claro que no voy a ver el partido... ¿Qué leches es eso de la "cam"?.

Trini- La cámara, Antonio, la cámara web.

Antonio- ¡Ay, la hostia, cuánta gilipollez! ¿Pero tenemos de eso?.

Trini- Tu hijo tiene de todo. Yo creo que se habla por ahí con la novia.

Antonio- ¿Y los hombres esos del chat quieren verte por ahí?.

Trini- Sí, y dicen que hasta pagarían por verme.

Antonio- ¡Qué humor!.

Trini- ¡Qué desagradable eres!... ¡Cualquier día enchufo el cacharro ése y me saco una teta, ya verás!.

Antonio- ¡Anda, no digas tonterías! Déjate de Wikipedias y wescanes...

Trini- No, Antonio, yo ya estoy harta, no me valoras nada, no me siento atractiva, y esos hombres del chat me desean.

Antonio- Porque no te han visto todavía...

Trini- ¿ves? ¡Ya estás...!

Antonio- Mujer, que es broma... *(Se levanta a darle un abrazo.)*

Trini- Es que no me valoras nada. ¡Lo que yo te diga: me voy a entregar al cibersexo!.

Antonio- Anda, tonta... *(La achucha por detrás.)*

(Silencio. Trini parece satisfecha con la muestra de afecto. Antonio se separa, queda pensando.)

Antonio- Oye,Trini, ¿y cuánto se puede sacar con la wescan ésa?.

Trini- ¡Ay, Antonio, y yo qué sé. Lo del sexo por internet está muy cotizado, eso sí. Es que la gente se siente muy sola y muy frustrada...

Antonio- Coño, pues igual es un negocio.

Trini- Anda, anda, que se te va la cabeza.

Antonio- ¿Y hay parejas, también?.

Trini- Pues habrá... ¡Yo qué sé! Habrá de todo.

Antonio- Oye, Trini, que igual nos podemos sacar unos euros... *(Se acerca* *insinuante.)*

Trini- ¿Pero qué dices Antonio? ¿Tú te estás oyendo?. ¡Eso es una indecencia!.

Antonio- Anda, mujer, que igual de esta nos hacemos millonarios. Venga, vete a por el cacharro ése, que nos ponemos a tono a ver como va la cosa... *(Se acerca buscándola, insinuante, para convencerla.)*

Trini- Que no, Antonio, que nos puede ver cualquiera... Ahí enredados, sudorosos, como Dios nos trajo al mundo, entregados a los placeres de la carne... *(Se va animando.)*

Antonio- ¡Anda, mujer…, que nos lo vamos a pasar bien, y, encima, ganamos dinero...!.

Trini- A ver, que voy a por el cacharro... *(Sale a por el pc. Antonio se atusa, silba contento. Trini tarda.)*

Antonio- ¡Trini, que esto se apaga!.

(Sale Trini por fin con un salto de cama la mar de hortera.)

Antonio- *(La mira atónito.)* ¿Pero qué cojones te has puesto?.

Trini- Hay que salir guapos, Antonio, que hay mucha oferta.

Antonio- Y de las ofertas sacaste tú este trapito, ¿no?.

Trini- No seas tonto, es muy "chic".

Antonio- ¡La madre que me parió!... *(Dice como para sí)*

Trini- Tú también tienes que estar presentable- ¡Toma, ponte esto! *(Le pasa algo de ropa)*

Antonio- ¿Pero esto qué es?. *(Empieza a ver la ropa de bombero.)*

Trini- Un trajecito muy majo que he comprado en los chinos de aquí abajo.

Antonio- Pero, ¿cuéndo?.

Trini- Pues hará un mes...

Antonio- ¿Pero tú esto ya lo tenias preparado o qué?.

Trini- No, hombre, Antonio, no seas mal pensado... *(Va encendiendo el pc, mientras Antonio se viste.)* Mira, ya tengo yo una cuenta en paypal para que la gente nos pague por ahí.

Antonio- ¿El qué?

Trini- Nada, nada, que ya nos irán ingresando dinero todos los que se conecten a nuestra sala... www.matrimoniosexy.com

Antonio- ¿Matrimonio sexy?.

Trini- Eso es, tú y yo...

Antonio- ¡Ay qué joderse!... Bueno, a ver, y yo, ¿qué hago ahora?.

Trini- Pues, mira, yo voy a estar aquí, que es donde mejor ángulo tiene la cámara y hay buena luz, y grito: "¡Fuego, fuego!", y, entonces, apareces tú por ahí, con tu manguera, y ya a partir de ahí improvisamos...

Antonio- ¿Fuego, fuego?...

Trini- Sí, ¿Qué quieres que grite, si eres un bombero?.

Antonio- Vale, vale... Yo espero... *(Sale.)*

Trini- *(Se pone en posición "Sexy", y empieza a sobreactuar con su texto. Pero Antonio no acaba de llegar.)* ¡Arde, arde, la casa arde!. *(Silencio.)* ¡Me quemo, qué calor...!. *(Silencio.)* ¡Hay un montón de llamas, un incendio! *(Antonio no aparece,*

Trini se mosquea.) ¡Antonio, ¿pero por qué no vienes?!.

Antonio- *(Asoma la cabeza.)* ¡Coño, aún no has dicho "Fuego, fuego"!

Trini- ¡Pero, si me he desgañitado gritando que había un incendio y llamas, y que ardía!...

Antonio- Pero mi señal era "Fuego, fuego"- No me líes...

Trini- Vale, vale, ya grito fuego...

Antonio- ¡Claro, no te salgas del guión!. *(Se esconde de nuevo. Trini queda sola. Se prepara otra vez.)*

Trini- ¡Fuego, fuego!, Socorro... ¿Quién podrá apagar mi calor?...

Antonio- ¿Alguien ha gritado "fuego"?. *(Entra insinuante con pose forzada.)*

Trini- ¡Aquí, aquí, señor bombero, me quemo, ardo...!

Antonio- ¡No se preocupe, señora, apagaré su fuego con mi descomunal manguera a presión!...

Trini- *(Se queda parada de pronto.)* ¿Descomunal manguera?.

Antonio- Sí, ¿Que pasa?.

Trini- Hombre, Antonio, no sé. Es un poquito exagerado. Tú siempre has sido de pene normal.

Antonio- ¿Cómo que de pene normal?.

Trini- Sí, apañadito, sin más.

Antonio- Coño, la de los limones...

Trini- ¿Como qué limones?.

Antonio- Sí Trini, limoncitos... *(Le pellizca un pecho.)*

Trini- ¡Qué desagradable eres, Antonio, de verdad!.

Antonio- Coño, ¡la que dice que tengo un pene "apañadito"!.

Trini- No sé por qué te picas... ¡Pero, manguera descomunal, está claro que no es...!.

(Se oye una voz que sale del pc.)

Voz PC- "Ha conseguido llegar a dos millones de visitas. ¡enhorabuena!".

Antonio- ¡Hostias, Trini, dos millones de personas viéndote ponerme verde!.

Trini- ¡Dos millones! !Ay, Antonio, que eso es un montón de euros!.

Antonio- Pero si no se nos ha visto nada... aún.

Trini- ¡Para lo que hay que ver...!

Antonio- Anda que habló la modelito, ¡No te jode!.

Trini- Que des...

Antonio- Desagradable, sí.

Trini- Mira, ya se me han quitado las ganas, voy a seguir con la tortilla Anda y te quedas tú y tu manguera...

Voz PC- "Las visitas han aumentado en 100.000 personas más".

Antonio- ¡Hostias, Trini, que esto sigue subiendo!.

Trini- ¡Hay que joderse, lo que se aburre la gente!. *(Mientras sigue batiendo huevos).*

-FIN-

-APARIENCIAS-

(Voces, los actores están escondidos, no se les ve. Ligeramente embriagados.)

Mario- Venga, coño, Irina, date prisa. Esto tiene que se rápido.

Irina- No me presiones, ¿vale?, que estoy muy nerviosa.

Mario- ¡Va, remátala!.

Irina- ¿Yo? No, no, yo no, tú... ¡Yo no puedo hacerlo!.

Mario- ¡Venga ya! Has hecho todo lo demás, y ¿ahora te pones tiquismiquis para acabar con esto de una vez?... ¡Creo que te lo mereces, tú tienes que acabarlo!.

Irina- No, Mario, no soy capaz. Parece que me mira y me está diciendo, "no lo hagas, a papá no le gustará, jamás te lo perdonará".

Mario- ¡Deja de decir tonterías y remátala! ¿Prefieres dejarla así?

Irina- No, así no, hay que acabar con esto... *(Silencio)* Pero sola no puedo Mario, en serio..

Mario- Está bien, hagámoslo a medias. Inclínala un poco... ¡Cuidado!, *(Ruido de vidrio roto en el suelo.)* ¡Joder, Irina, lo has roto! Al final nos van a pillar con todo el marrón, coño, ten más cuidado!.

Irina- *(Lloriquea)* La sangre me he manchado la camiseta...

Mario- Está bien, tranquilízate, yo lo limpiaré, deja de lloriquear, así no solucionaremos nada. Ve al otro cuarto, yo me encargo de limpiar lo que queda.

Irina- Pero Mario...

Mario- ¡Venga, coño, vete ya, y cámbiate esa camiseta llena de sangre…!

(Empieza la escena a la vista. Irina sale con una bolsa negra de deporte. Unos guantes, se los va quitando, cuando empieza la escena. Entra llorosa, con cierto nerviosismo. Ligeramente embriagada. Se cambia la camiseta por otra que saca de la bolsa, lloriquea hasta que se calma. Entra él.)

Irina- ¿Te has asegurado de tener los guantes puestos?.

Mario- Sí, joder, acabo de quitármelos, lo has visto.

(Pausa. Nervios, sobre todo de ella.)

Irina- ¿Y de que todo quedara limpio? No quiero problemas...

Mario- ¡Joder Irina, no seas pesada! Ha salido perfecto, no queda ni una sola prueba de lo que pasó...

(Pausa. Más nervios.)

Irina- Si mi padre llegara a enterarse...

Mario- ¡No se enterará! No hay pruebas, ha sido rápido, sencillo, perfecto. ¡vamos, relájate!... *(La abraza como para tranquilizarle).*

Irina- *(Se aleja con cara de preocupación)* No sé, Mario, ha sido arriesgar demasiado, y no sé si ha valido la pena. Todo por un capricho...

Mario- ¡No digas tonterías! Ha sido muy emocionante... Y me ha gustado hacerlo contigo.

Irina- ¡Eres un insensible! Estoy afectada, no digas que ha sido emocionante... Es toda una vida...

Mario- Tu padre lo superará, no sentirá la pérdida, no te preocupes. Al principio será algo duro, e intentará buscar culpables, pero luego se olvidará, y lo superará con el tiempo...

Irina- ¡No tienes ni idea de lo que significaba para él! Eran muchos años...

(Silencio)

Mario- Dime que no lo has disfrutado ni un poco... *(Ella no contesta)* ¡Vamos, dímelo! ¿dime que no te gustó cuando escuchaste el sonido... plof? *(Pega un golpe en la mesa).* ¡Fue un triunfo!.

Irina- ¡No hagas eso! No me lo recuerde. Estoy segura de que, si ella pudiera, hubiera chillado,...

Mario- ¡Eso es imposible!. Y, aunque pudiera, no me la imagino quejándose...

Irina- ¿Te has cerciorado de que no cayera nada en la alfombra? ¡Eso si que no me lo perdonaría! Era la preferida de mamá.

Mario- Tu madre ya no está. *(Seco)* ¿Qué más da eso ahora?.

Irina- ¡Claro que no da igual! Si papá viera una manchita en la alfombra, se enteraría de todo, lo sé. Es muy observador, no se le escapa nada. Dime que no se ha derramado nada.

Mario- Te lo prometo.

(Silencio. Piensan. Pasean como con cierta culpa.)

Irina- Aún estaba fría...

Mario- Sí, helada... Lo noté cuando la cogí.

Irina- ¿No sentiste pena ni por un segundo?. *(Él no contesta)* ¿Nada?, ¿tan poco te importaba?.

Mario- No es eso, coño. Es que creo que se lo merecía, y nosotros también. Si no lo hubiéramos hecho nosotros, alguien iba a acabar haciéndolo, lo estaba pidiendo a gritos...

Irina- ¿Tú crees que mi padre hubiera podido llegar a hacerlo algún día?

Mario- No, tú padre no. De ese estoy seguro. Le tenía demasiado cariño. Todos los años en Noche Buena prometía que lo haría, y luego, ya ves, nada, todo seguía igual...

Irina- Es complicado...

Mario- Eso es, por eso lo hemos hecho nosotros.

(Silencio)

Irina- *(Pierde los nervios. Lloriquea)* No debimos haberlo hecho. Está mal. Está mal... ¡No era cosa nuestra! ¡Papá, perdóname!...

Mario- Irina, por favor, ¡cálmate! Vamos, tranquila... Nadie se enterará. No hay pruebas.

Irina-¡Si que las hay! Papá se dará cuenta de todo, lo sé. No debimos hacerlo, Mario. Somos unos egoístas, solo pensamos en nosotros mismos.

Mario- No levantes la voz. Lo estás sacando de quicio. Tu padre nos va a oír. ¡Haz el favor de calmarte!.

Irina- ¡Y encima lo hemos hecho con papá en casa! No tenemos alma, eso no se hace...

Mario- Te recuerdo muy feliz y sonriente, mientras se derramaba... *(Cabreado)*

Irina- *(Le interrumpe)* ¡No me lo recuerdes, no debí hacerlo!.

Mario- Ya no hay vuelta atrás... ¡Olvídalo!.

Irina- *(Se calma como de pronto. Queda pensativa, en silencio).* Voy a contárselo todo, lo entenderá. *(Comienza a caminar decidida, Mario la frena.)*

Mario- ¿Donde coño crees que vas? ¡No vas a contarle nada!. Te vas a quedar aquí tranquilita, degustando el sabor del delito. *(La sienta de pronto).* Ni se te ocurra moverte, joder.

(Pausa. Irina mira enn silencio al suelo, ligeramente asustada. Mario pasea nervioso)

Mario- Llevamos días preparando todo esto. Estabas de acuerdo, fue idea tuya, ¿Y ahora te echas atrás?...

Irina- Me arrepiento...

Mario- ¡Nos ha jodido! No es tiempo para el arrepentimiento. Haberlo pensado antes, ahora no hay marcha atrás. Vas a levantarte de esa silla. Irás al perchero a por tu abrigo, en silencio. Volverás aquí, y nos iremos a tirar lo que queda a la basura.

Irina- Mario, no puedo hacerlo...

Mario- Claro que puedes, y lo harás. No eres una niña. Has hecho algo malo. Ocúltalo como todo el mundo, y sigue con tu vida. ¡Vamos...!

(Irina se levanta, Despacio, con cierto desánimo, sale de escena. Mario vigila por donde va desde dentro. Y luego mira la bolsa, cerciorándose de que todo está en orden. Entra Irina de nuevo con el abrigo.)

Irina- 1950.

Mario- ¿Qué?.

Irina- El año de su nacimiento...

Mario- ¡Venga ya, coño, deja de llorarla!...

Irina- Toda una vida... Sesenta y tres largos años ahí metida, tranquila, esperando...

Mario- Esperando por nosotros.

Irina- Y, en menos de una hora, nosotros dos hemos acabado con todo... ¡Con todo!.

Mario- ¡Vale ya, coño! Solo es una puta botella de whisky. *(Coge la bolsa para irse).*

Irina- No solo era una puta botella de whisky: era una Dalmore de los 50.

Mario- Pues mañana la resaca va a ser como si fuera un Don Simón del Carrefour. ¡Venga, coño, muévete, he oído pasos!

Irina- No tienes corazón, Mario.

Mario- Y tú eres una romántica, Irina... *(La abraza. Van a salir. Irina se deja el móvil encima de la mesa.)*

(Silencio)

Irina- *(Frena en seco antes de salir)* Mario, tú ya no me quieres, ¿verdad?...

Mario- ¡Ay, la hostia!, ¿Pero a qué coño viene eso ahora?... ¿No estábamos hablando del whisky?.

Irina- Pues yo ahora quiero hablar de si me quieres o no... *(Se sienta como una niña caprichosa. Rotunda)*

Mario- Pues claro que te quiero, Irina.

Irina- No me quieres, te estás tirando a Sofía...

Mario- ¡A ti se te ha ido la olla con el whisky! ¿Qué coño dices de Sofía? ¿Quien cojones es Sofía? ¿Y desde cuándo me la tiro?.

Irina- Tú sabrás. Llevas raro unos cuantos meses, desde que empezaste a tirarte a esa zorra, Sofía, la de contabilidad...

Mario- ¿Sofía la de contabilidad? ¿La secretaria del jefe, que le deben de quedar dos meses para jubilarse? ¿Pero qué dices?... ¿De dónde te has sacado eso...?.

Irina- Mira, Mario, a mí me da igual si te gustan maduritas, o no... ¡Es una traición, y no te lo consiento!.

Mario- Irina, por favor, llamar a esa mujer "madurita" es no tener muy claro el concepto de tiempo... ¡Es un dinosaurio!.

Irina- ¡Encima, ahora la insultas! ¡Sé un hombre...!

Mario- Irina, esto se nos está yendo de las manos. En serio, cariño, déjate de chorradas y vayámonos. Todavía se levanta tu padre, y a ver qué coño le decimos...

Irina- Pues, la verdad, que eres un cabrón que te estás tirando a una señora de casi 80 años...

Mario- ¡Que no me estoy tirando a esa señora! Deja de decir chorradas! Solo de pensarlo se me pone mal cuerpo.

Irina- Mira, Mario, lo mejor es que lo dejemos y tu aclares con Sofía lo que tengas que aclarar.

Mario- ¡Y dale!. Mira, no sé de dónde te has sacado esa historia-Lo más posible es que sea culpa del maldito whisky, que me está dando más disgustos que recompensas.

Vamos a casa y lo aclaramos todo, anda. Coge el móvil. Si lo ve tu padre, sabrá que hemos estado aquí.

(De pronto suena el móvil encima de la mesa. Ambos lo miran en silencio. Nadie lo coge.)

Mario- ¿Por qué no lo coges?.

Irina- Porque no quiero.

Mario- ¿Y quién es "Alfredo 3B"?. *(Mario coge el móvil para mostrarle a Irina la pantalla donde pone Alfredo 3B).*

Irina- El presidente de la comunidad de nuestro edificio.

Mario- ¿Y por qué te llama a estas horas?.

Irina- No lo sé... Igual ha pasado algo en el edificio.

Mario- ¿Y desde cuándo tú eres bombero?.

Irina- No lo soy.

Mario- Pues no entiendo entonces el fin de la llamada. Y no entiendo por qué no la has cogido.

(Silencio)

Irina- Mario, Alfredo y yo llevamos liados dos años. Hace meses que he querido contártelo, pero es complicado. No sabía cómo decírtelo.

Mario- ¿Y esperas a esta noche...?

Irina- Sí, he estado como el whisky de papá, esperando, tanto tiempo callada, observando, aguantando... ¡No podía más!.

Mario- Joder, Irina, coño, qué inoportuna... ¡No me jodas! Con el puto presidente de la comunidad... ¡Pero si es un estirado!... ¿Qué coño le has visto?.

Irina- Eso es lo de menos, Mario. No preguntes más, no lo hagas más difícil.

Mario- ¿Pero qué coño dices? ¡Aquí la única que lo ha hecho más difícil has sido tú!. La has jodido. Nos has jodido. *(Pierde los papeles).*

Irina- ¡Mario, tranquilízate, por favor! Vamos a hablarlo.

Mario- !No hay nada que hablar, joder¡ ¡Me has traicionado! *(Enfadado).* ¿Cómo coño has podido hacerlo, Irina?.

Irina- *(Asustada)* ¡Mario, cálmate! Vamos a hablar... Aún te quiero. *(Se acerca a él, resbala, y, al caer, golpea la mesa, y muere en el acto de un golpe seco.)*

Mario- ¡Irin!, Irina, levanta!... ¡Irina! *(La zarandea. Irina no responde.)* ¡Venga, deja de hacer el tonto! Harías cualquier cosa por cambiar de tema... ¡Venga, levanta!. *(Se da cuenta de que no es un juego. Irina está muerta, inmóvil.)* ¡Mierda, esto ya no me gusta...! ¡Joder, joder...Irina!... *(Desesperado, mira de reojo la botella. Se pone los guantes, la saca, se la pone a ella en las manos. Prepara la escena de un supuesto accidente. Observa la escena compungido.)* ¡Que mala es la bebida...! *(Sale a prisa.)*

-FIN-

-INSEPARABLE-

(Dos personajes. Una mesa. Dos sillas. La luz mortecina de unas velas blancas. Una copa de vino, un cenicero. Ella es pálida, lleva un camisón de raso negro. Él fuma y bebe continuamente. Lleva traje, desaliñado, corbata deshecha, tose constantemente. Comienza en silencio. Ella pasea como preocupada. Él fuma, taciturno y pensativo. Nunca se miran a los ojos, como si no se vieran. Suena un piano lejano durante toda la escena.)

La muerte- *(Está de pie, pasea ansiosa)* Hace tiempo que deberías haber venido conmigo. Era lo mejor. Todo esto no tiene sentido.

Martín- *(Sentado. Tose levemente)* ¿Para qué iba a irme contigo? Ya no éramos felices, ya no había nada. Ya no me mirabas como al principio. Me mirabas como buscándome, como si no supieras dónde estaba el hombre que fui, como si en mí hubiera más hombres que no te gustaban.

La muerte- Eres un cabezón. Llevas tiempo resistiéndote para no enfrentarte a la realidad. Pero es hora de dejar de luchar y rendirse. A veces es lo mejor...

Martín- No quería ver la verdad. Nunca quise. No quería ver que estábamos agotados, los dos, que tu te ahogabas, que ya no eras feliz. Todo es culpa de las mañanas...

La muerte- Otra vez con esa historia. Otra vez te haces de rogar, alimentándote de recuerdos.

Martín- Las mañanas después de noches terribles de insomnio. *(Tose de nuevo con más gravedad. Ella suspira en silencio, resignada).* Se me hacían eternas. A medida que pasaban las horas, los nudos que poblaban mis adentros eran más grandes. El de la garganta era el peor. No sé cuántas vueltas habré podido dar sobre esa maldita cama, mientras te contemplaba durmiendo plácidamente, como si nada. ¡Cuántas noches te odie! Odie tu facilidad para dormir, mientras mi mundo se derrumbaba. *(Silencio).* Lo peor era el dolor de estómago que me azotaba las entrañas como un puto huracán. Me retorcía sobre la cama, mientras tu seguías inmersa en un sueño dulcísimo. Después de un millón de días odiándote por dormir, mientras la noche me destruía, comprendí por qué no había acabado contigo antes. Por las mañanas. Por esas exquisitas mañanas, en las que el sol me presentaba el final de aquel desgaste físico y mental, y me mostraba tu piel caliente, como recién hecha, y tu primera sonrisa del día, que conseguía que mi estómago y mi garganta se liberasen de aquellas tensiones imposibles. Las mañanas en las que tu aliento dormido me acariciaba, y tus brazos se agarraban con fuerza a mi torso semidesnudo...

La muerte- Eres un romántico *(Cierta ironía)*, pero eso no te librará del final. El final que llevo esperando muchos años. Detrás de ti como un perro, esperando que todo esto acabase, que te rindieras por fin, que te abandonases a lo inevitable...

Martín- Si supieras la vida que me daba tu sueño... Y tu despertar. El olor a café, a tostadas, a zumo de naranja recién exprimido...

La muerte- Cierto es que te he concedido muchos días, demasiados... He sido muy benevolente.

Martín- *(Tose de nuevo, notándose en él un dolor insoportable en el pecho).* No sé que acabó con nosotros, no sé hasta qué punto soy culpable; culpable de dejarme llevar por una vida monótona, anodina, aburrida, una vida normal. Una vida en la que no llegaban las mañanas de café y piel caliente. *(Silencio, suspira, tose ligeramente).*

La muerte- La vida se nos agota, Martín, sin que nos demos cuenta, el café se acaba, y el zumo no se exprime solo... *(Con cierta comprensión).*

Martín- Yo no sabía que la soledad podía doler más que cualquier enfermedad hasta que te fuiste. *(Bebe un trago largo de la copa de vino tinto que reposa sobre la mesa. Ríe de pronto. Ella le mira perdida, en silencio).* Jamás podré olvidarme del día de la nieve, no sé si te acordarás. ¡Cómo nevaba!. Pero tú te empeñaste en ir a esquiar. Cuando se te metía algo en la cabeza, era imposible sacártelo. Esa mañana, tras hacer el amor, yo estaba agotado. Tenía un pinchazo en el pecho que me duró todo el día. Pero no podía negarme a verte como una niña preparar el equipo de esquí. No podía dejar que el dolor me venciera y me impidiese darte el capricho. Así que nos fuimos a la nieve, tú, yo y el terrible pinchazo que se había instalado en mi pecho sin consultar. *(Bebe).* No se cuantas caídas conté desde aquel banco de madera a la orilla de la cafetería. Pero no te rendías, te levantabas de nuevo, y seguías; mientras tu risa se esparcía por la nieve. No supe entender que ya aquel día me estabas pidiendo vida, una vida que yo no podía darte, porque el punto instalado en mis costillas no me lo permitía. Era más fuerte que yo, que mis deseos...

La muerte- No culpes al dolor, Martín. El dolor hace que seas más consciente de la vida. Ya no hay dolor tras la muerte, querido Martín.

Martín- No quiero morir solo. Es lo único que me había prometido. No sabía cuando llegaría el momento, pero morir solo es terrible, significa que, en vida, no supe merecer compañía, tu compañía...

La muerte- No estás solo, Martín. Te acompañan tus recuerdos, los recuerdos del intento fallido de ser feliz. Si hubieras sido más valiente, si hubieras entendido que todo dependía de ti, que no podías dejar todo a la suerte, que el amor, querido Martín, nos elige para que todo dependa de nosotros. *(Se acerca a él por detrás, le abraza).*

Martín- No supe cuidarte, no supe cuidarme, no supe cuidar la vida que se nos había concedido. Pero no me volverá a pasar...

La muerte- ¿Tienes frío?.

Martín- Hace frío. En Galicia siempre hace frío en esta época del año, un frío invernal que te cala los huesos. Recuerdo tus pies fríos, buscando hueco bajo mis muslos en el sofá, suplicando abrigo, igual que tú...

La muerte- Yo estaba allí, Martín, aquellas noches, las noches en que no podías dormir, las noches en que mil cuchillos desollaban tus huesos; deseando que vinieras conmigo, deseando que cayeras rendido en mis brazos por fin; pero te aferrabas a la vida, mirando su pelo a tu lado en la almohada. Tenías que haber venido conmigo, Martín, cuando las cosas se pusieron feas. Pero te empeñaste en seguir viviendo para no cambiar nada. ¡Maldito gallego cabezón!.

Martín- Un sorbito de vino, tal vez otro cigarrito... *(En las últimas. Voz baja. Tiembla. Tose, se va apagando).*

La muerte- Duerme Martín. Esta noche te prometo que ya no tendrás insomnio...

(Martín muere sobre la mesa. La muerte le besa la frente. Desaparece)

FIN

-Antes que nada-

(Una cafetería. Anabel está sentada tímidamente en una mesa. Lee "Alicia en el país de las maravillas" y toma un café. Se la ve inquieta, vulnerable, como, si estar sola en la mesa, le incomodara. Su aspecto es algo desaliñado: ropa ancha, pelo revuelto, estampados horrendos y gafas grandes. Está distraída. Parece que espera. Irrumpe en la escena un payaso. Anabel no lo ve hasta que él no se dirige a ella. Jorge mira a los lados, está exhausto. No hay mesas libres.)

Jorge- *(Lleva un café)* Disculpe que la moleste *(lo mira sorprendida),* estoy agotado, y me gustaría sentarme un ratito a tomar el café tranquilo; pero resulta que no hay ni una mesa libre, sólo esta silla ¿Le importa si...? *(No espera a que ella conteste. Se sienta. Ella hace el amago de negar, pero él la interrumpe)* Menos mal que puedo sentar un poco el culo, este trabajo es agotador, ¿sabe? Estoy harto de hinchar globos, limpiar mocos, tocar la trompeta de plástico, aguantar berrinches y cantar canciones absurdas. ¡Es agotador!... No se hace una idea de lo que pica esta peluca, parece que está hecha de lija, y no le digo nada de lo que es aprender a andar con estos zapatones,

Anabel- *(Incómoda)* Disculpe, no le he dado permiso para...

Jorge- ¡Ay, sí, perdone mujer, pero es que estaba tan cansado y tan agobiado que sólo quería descansar, y no he pensado en si la molestaba!... *(Mientras habla, se*

levanta) ¿Le importa que me siente con usted, es que no hay ni una silla libre en todo el local...? *(Sin esperar la respuesta, se sienta)* Muchas gracias. Se lo agradezco. La gente suele ser muy mal educada, y eso de compartir cada vez se lleva menos... ¿Que leía?

Anabel- Mire, antes que nada decirle que me está usted incomodando.Además estoy esperando a alguien.

Jorge- ¿Hace cuanto que espera?.

Anabel- Pues una media hora, ¿Por qué le importa?.

Jorge- Olvídese, no va a venir. No sé con quien ha quedado y, para no meterme en su vida, no se lo preguntaré, pero, si hace media hora que esa persona debería de estar aquí, y no está, déla por perdida. No vendrá.

Anabel- ¿Por qué se permite el lujo de juzgar a mi acompañante?, Es un hombre muy puntual, ¡vendrá!, seguro que le habrá pasado algo.

Jorge- Así que hablamos de un hombre, un acompañante masculino, ¿una cita, tal vez?.

Anabel- ¡Oiga, eso no le importa!.

Jorge- Perdone, me importa por qué no creo que sea justo que una mujer tan interesante como usted se le deba hacer esperar. Si yo fuera su cita, estaría aquí hace media hora.

Anabel- *(Con sonrisa avergonzada)* Se lo agradezco, pero casualmente usted no es mi cita, y por eso le rogaría que dejara esa silla libre para cuando llegue mi marido.

Jorge- ¿Que ha quedado usted con su marido y aún no ha llegado? ¿Y ni siquiera le ha llamado o le ha mandado un mensaje para avisarle? De verdad, ese hombre no la merece.

Anabel- Disculpe, pero se está usted pasando.

Jorge- Perdone, es que soy algo payaso.

(La mujer sonríe. En el fondo, el hombre la enternece)

Anabel- No importa, quizás tenga usted razón, y mi marido no venga.

Jorge- ¡Se lo digo yo!, y perdone, no pretendo entristecerle, pero es que media hora son treinta minutos... Y eso es imperdonable. Y, si me permite la apreciación, ya ha pasado algún que otro minuto desde que usted y yo empezamos a hablar, así que ya pasa de la media hora. Y el tiempo es important,e cuando alguien espera ilusionado.

Anabel- Disculpe, antes que nada... ¿Que le hace pensar que yo esperaba ilusionada?.

Jorge- Sus ojos.

Anabel- ¿Mis ojos?.

Jorge- Sí, usted, lógicamente no podía verlos, pero yo los he visto perfectamente, y brillaban, cuando yo me senté a su lado, eso quiere decir que...

Anabel- *(Le interrumpe)* Juzga demasiado rápido. Puede que mis ojos brillaran, pero puede que no fuera de ilusión, ¿Cómo podría usted saber reconocerlo?.

Jorge- ¡Soy un payaso! Ese es mi trabajo: reconocer la ilusión. Además, estaba usted leyendo "Alicia en el país de las maravillas".

Anabel- ¿Y podría decirme qué tiene eso que ver?.

Jorge- Está claro.

Anabel- ¿Ah, si?.

Jorge- ¡Clarísimo!.

Anabel- ¿Me lo va a explicar?.

Jorge- ¿De verdad quiere usted saberlo?.

Anabel- Creo que no.

Jorge- Se lo contaré igualmente. Permita que me ponga más cerca de usted. *(Acerca su silla a la de ella, pero, entre medias, lo tira todo. Una serie de catastróficas desdichas que a Anabel le horrorizan y le divierten por igual).* ¡Vaya, parece que se me ha complicado el camino! Pues, como le decía, Alicia.

Anabel- Anabel.

Jorge- ¿Anabel en el país de las maravillas?.

Anabel- No, me refiero a que... bueno, es igual, siga.

Jorge- Pues eso, que, al estar usted leyendo ese libro, que estoy seguro que no es la primera vez que lee, opino que tiene usted ganas de aventuras, de vivir algo mágico, de salir de la rutina, ¿no es así?.

Anabel- Bueno, todos tenemos una rutina, una monotonía que acaba por dirigir nuestras vidas, y, en algún momento, quisiéramos salir de ella…, ¿no?.

Jorge- Por eso a la gente le gustan los payasos.

Anabel- Bueno, a mi me encantan, sí. Tenía uno de pequeña, me parecía tan alegre.

Jorge- *(Comienza a sonar "Me and Miss Jones")* ¡Anabel, bailemos!.

Anabel- ¿Que dice?.

Jorge- Venga, baile conmigo, ¿No le gusta esta canción?. *(Se levanta para cogerla, ella le rechaza tímida)*

Anabel- Bueno sí, me encanta, pero...

Jorge- Pero nada, vamos, muje, ¡concédame este capricho!

Anabel- Pero yo estaba esperando...

Jorge- Una aventura, algo divertido, su conejo blanco, y aquí lo tiene...

Anabel- *(Se levanta con cierta vergüenza a bailar)* Antes que nada...

Jorge- No se preocupe, sólo es un baile, no hacemos mal a nadie.

(Bailan, pero tropiezan constantemente con los zapatones de él. El baile es algo ridículo, Jorge quiere bailar más de cerca en un momento dado, Anabel se aparta)

Anabel- Disculpe, pero me gustaría acabarme el café en paz, y a solas.

Jorge- ¿A solas?.

Anabel- Sí, por favor.

Jorge- Está bien. *(Pero se vuelve a sentar)*

Anabel- ¿Qué hace?.

Jorge- Sentarme, sin molestar, dejarla a solas.

Anabel- No me ha dejado a solas, sigue ahí.

Jorge- Pero respetando su espacio e intimidad.

Anabel- Antes que nada, me gustaría que entendiera que su presencia, de verdad, me incomoda, y me gustaría que se fuera, sin ofender.

Jorge- No mujer, no ofende. Es normal que usted quiera su espacio. *(Pero no se va)*

Anabel- ¿Entonces...?

Jorge- ¿Qué?.

Anabel- ¿Va a dejarme a solas?.

Jorge- No, preferiría quedarme aquí, contemplando su presencia serena.

Anabel- ¿Mi presencia serena?.

Jorge- Sí, transmite paz, tranquilidad, bondad, y una serenidad que calma mi alma de payaso.

Anabel- Disculpe, pero... *(Avergonzada de nuevo, halagada)*

Jorge- Está usted perdonada, tómese el café. Yo, como si no estuviera.

Anabel- Está bien, puede usted quedarse ahí, al otro lado de la mesa, en silencio.

Jorge- ¡Gracias!.

(Anabel se dispone a leer, resopla algo cansada. Jorge se pone a comer una bolsa de patatas fritas. Hace mucho ruido. Anabel se retuerce incómoda, él ni se inmuta Se pone a silbar "Había una vez un circo", la saca de quicio)

Anabel- Antes que nada, me gustaría hacerle saber lo mucho que me molesta lo que hace.

Jorge- ¿El que?.

Anabel- Comer patatas como si fuera un jabalí y silbar esa ridícula canción.

Jorge- ¿No le gusta? Puedo silbar otra si lo prefiere.

Anabel- En realidad, preferiría que no silbara, por favor.

Jorge- Disculpe, no pensé que le molestaría, y, bueno, si quiere unas patatas...

Anabel- ¡No, gracias! Sólo quiero que las coma en silencio, no puedo leer tranquila.

Jorge- ¿Que lee?.

Anabel- Ya lo sabe.

Jorge- Sí, es cierto, ya lo sé. *(Pausa)* ¿Iría usted al país de las maravillas?.

Anabel- *(Extrañada)* Pues no lo sé, es peligroso...

Jorge- ¿Desea usted peligro?.

Anabel- Pues claro que no, prefiero una vida tranquila.

Jorge- Vamos Anabel, yo le hablo del peligro que todos merecemos, que todos buscamos para que la vida sea emocionante, para que se nos pongan los pelos de punta...

Anabel- ¿Se refiere al peligro de bailar con un desconocido?.

Jorge- Por ejemplo. Seguro que lleva muchos años casada, y su vida ha ido perdiendo emoción. Ya no es usted una adolescente, ha perdido esa energía de la juventud...

Anabel- Bueno, Jorge trabaja mucho.

Jorge- Y llega tarde.

Anabel- Bueno, sí, a veces sí. Y no me avisa.

Jorge- Y eso le cabrea ¿Qué le gustaría que hiciera Jorge? ¿Que le montara un pequeño país de las maravillas de vez en cuando?.

Anabel- Quizás.

Jorge- *(Se levanta)* ¿Qué le parece, si gritamos a la vez, Anabel? ¿ si decimos bien alto; ¡Quiero mi país de las maravillas!? ¡Venga, levántese, repita conmigo!

Anabel- Por favor, me está usted avergonzando. *(Se acerca a él para hacerle callar)* ¿No le da vergüenza?.

Jorge- ¡Vamos Anabel, soy un payaso, su payaso! No sé de vergüenzas.

Anabel- No grite, todo el mundo nos mira.

Jorge- ¡Dígalo! ¡Quiero mi país de las maravillas, lo merezco!.

Anabel- ¡Por Dios, cállese! ¿Cómo puedo hacer que se calle?.

Jorge- Béseme.

Anabel- ¿Como?.

Jorge- Deme un beso, así me mantendrá callado.

Anabel- ¡Por su puesto que no! ¿Que se ha creído? … Antes de nada me gustaría decirle que soy una mujer MUY decente.

Jorge- No lo he dudado ni un instante.

Anabel- Pues entonces, ¿cómo puede pedirme eso? Sabe perfectamente que estoy casada.

Jorge- Su marido no está aquí, no ha venido.

Anabel- Da igual, esa no es excusa para besar a un desconocido.

Jorge- Un payaso.

Anabel- Un payaso desconocido.

Jorge- Que ha salido de su país de las maravillas.

Anabel- ¡Déjese ya de jueguecitos! Está usted loco.

Jorge- ¿Y no le gusta?.

Anabel- *(Si, pero no)* Claro que no, me... incomoda.

(Jorge se sienta y suspira)

Jorge- Está bien, me sentaré tranquilo. *(Saca unas toallitas desmaquillantes y se va desmaquillando poco a poco mientras habla)*

Anabel- Y aún sería mejor si se sentara en otra mesa, aquella de allí se ha quedado vacía. Ya tiene usted sitio.

Jorge- Pero allí no estaría con usted.

Anabel- No sé qué le ha dado conmigo, pero no me gusta.

Jorge- La amo.

Anabel- ¿Qué dice? ¿Está usted loco? No me conoce de nada.

Jorge- Pero hemos bailado.

Anabel- ¿Y por eso me ama? No tiene sentido.

Jorge- Puede que no, pero la vi sonreír, mientras bailábamos, y seguramente eso no tendría mucho sentido, una mujer y un payaso que no se conocen, y ella sonríe. Cualquiera se extrañaría, pero usted, sonrío.

Anabel- ¿Y qué?.

Jorge- Que me sentí arropado, tienes la capacidad de hacerme sentir a gusto, de sonreír con las pequeñas cosas, de esperarme, cuando no llego.No has perdido esa ingenuidad que me encanta, sigues siendo la Anabel de la que me enamoré en el instituto.

Anabel- ¿Como? No entiendo.

Jorge- Perdóname por llegar tarde, cariño, quería sorprenderte.

Anabel- ¿Jorge?.

Jorge- Sé que últimamente he trabajo mucho, y no he podido prestarte atención. Sé que soñabas con algo sorprendente, distinto, divertido... Como al principio.

Anabel- *(Sorprendida.)* ¿Pero esto?.

Jorge- *(Se levanta y se acerca a ella, la levanta y la acerca)* Quería regalarte un poquito del país de las maravillas, perdóname.

Anabel- Eres un payaso. *(Lo abraza)* Todo el mundo nos miraba, la que has liado...

Jorge- ¿Te ha gustado?.

Anabel- Estás loco, vayámonos a casa, anda... *(Sonríe tierna. Recogen para irse.)*

Jorge- Cariño, antes que nada, paga los cafés, anda...

-FIN-

-APOCALIPSIS TRES COMA CATORCE-

(Luces de discoteca, gente charlando, bebiendo, bailando, risas, ambiente festivo.)

La fiestas- ¡Esta fiesta es una pasada, de verdad,...¡Cómo te lo montas, tía, un pasote, feliz 2016!. *(Todos brindan).*

La hippi- ¿No habéis probado el paté de tofu? ¡Está buenísimo, y apenas tiene calorías! Tiene todo el sabor de la carne, pero es mucho más sano.

El borracho- Venga, tía, a mi sírveme más champán y déjate de tofus, ¡Donde estén unos buenos langostinos!.

La hippi- ¿Tú no quieres? Te viene muy bien para la flora intestinal, y también la crema de acelgas y el ponche de avena.

El asustado- ¡No, gracias! No vaya a ser que me siente mal Soy muy aprensivo.

La fiestas- Tú lo que eres es un coñazo, ¡Venga, hombre, tómate algo!.

El asustado- ¡No, no, gracias! Acabo de tomarme mis medicinas, y no puedo tomar nada de alcohol.

La fiestas- ¿Nada?.

EL asustado- No, podría provocarme una reacción alérgica en cadena.

El borracho- ¿Cadena?...¡Venga una conga!.

(Todos hacen una conga, excepto la hippi y el asustado.)

La hippi- ¿Quieres que te prepare un batido de remolacha con vitaminas? Eso te animará.

El asustado- ¡Ah no, no, gracias! Estoy bien; un vasito de agua y listo.

La fiestas- *(Metiéndolos a la conga)* ¡Venga, hombre, dejad de charlar! No podéis negaros a la conga.

(La racional y la religiosa se desligan. Sigue la conga.)

La religiosa- ¡Jesús, María y José, qué energía tiene esta gente!

La racional- ¡Es norma!, Son jóvenes, y estamos en Nochevieja. ¡Déjales que celebren!.

La religiosa- ¡Claro que sí! Yo no digo nada porque celebren, está muy bien, pero no nos olvidemos del origen de estas fiestas- Estamos celebrando el nacimiento del Señor, de nuestro señor Jesús.

La racional- ¡Claro que sí, mujer! De ahí vienen las fiestas, pero la verdad ahora mismo yo creo que ya se han convertido más en algo comercial que otra cosa.

La religiosa- Para mí seguirá siendo tiempo de celebración del nacimiento de nuestro Dios. *(Vuelve la conga.)*

El borracho- *(Deshaciendo la conga.)* ¡Venga, que corra el champán, que esto se esta secando!

La racional- ¿No crees que deberías dejarlo ya? Creo que ya has bebido suficiente.

El borracho- ¿Y quien lo dice?.

La racional- Solo te aconsejaba, puedes hacer lo que quieras.

La fiestas- ¡Venga, tía, no seas cortarrollos! Déjale que le dé al champán, es lo mejor de esta fiesta.

El asustado- ¿Como irán las cosas fuera?.

La hippie- Es mejor no preguntárselo.

La fiestas- ¡Eso, déjate de leches! Lo de fuera es agua pasada. Vive el presente, el aquí y ahora ¡Estamos celebrando la Nochevieja!

La racional- No deberíais abusar. Se nos van a acabar las provisiones, y sería mejor racionar.

La hippie- Aquí abajo no se dan bien las verduras. Apenas hay luz del sol.

La fiestas- ¿No podéis desconectar un día? ¿No podéis pensar en otra cosa, y disfrutar de la fiesta, de la música, de la compañía?.

El borracho- ¡No tienen ni idea, no saben de la vida, son unos amargados, no saben disfrutar de lo que tienen! ¡Venga, brindemos todos por la humanidad!.

(La fiestas y el borracho brindan)

El asustado- Estamos solos.

La religiosa- Dios está con nosotros Gracias al cielo no nos abandona.

La racional- ¡Venga, no saques a tu Dios ahora!, Tu Dios ha visto cómo se iba al garete la humanidad, y no ha hecho nada por evitarlo.

La religiosa- ¡No hables así! Dios es bondad...

La hippie- ¡Vamos, chicos, no os preocupéis! Mientras nosotros vivamos, seguirá habiendo vida.

El borracho- ¡Pues vaya mierda de vida que ni una copa te puedes tomar!.

La racional- ¡Es que no haces otra cosa que tomarte copas!.

La fiestas- ¡Y tú no haces otra cosas que aguarnos la fiesta!.

El asustado- ¡Dejad de gritar! Un día nos van a oír fuera y van a entrar!.

La religiosa- ¡No digas eso!... ¡Los zombis aquí no!. ¡Por Dios santo!.

El borracho- Venga, aquí no van a entrar- Es un jodido bunker, y estamos a salvo.

El asustado- Hasta que dejemos de estarlo, logren entrar, y nos vacíen, alimentándose de nuestras vísceras, dejándonos sin vida.

La fiestas- ¡Joder con la alegría de la huerta! Ya nos ha dado el bajón.

La racional- ¡Que no cunda el pánico! Somos la esperanza de la humanidad.

El borracho- ¡Pues vamos jodidos!.

La hippie- Seguro que hay una cura, un antídoto. Seguro que está en las verduras y los cereales, en componentes naturales.

El borracho- ¡Claro que sí! Si te parece, la próxima vez que te enfrentes a uno de esos zombis le preparas un puré de calabaza. ¡Joder, lo que hay que oír!.

El asustado- ¡Vamos a morir todos, acabarán con nosotros, y ya no quedará nada sobre la Tierra más que esas malditas criaturas!.

La religiosa- ¡Pobrecito mío, lo está pasando fatal! ¡Ayúdale, Señor! ¡Mándale un poco de esperanza y fe!

El borracho- Para mí un ron con coca cola, ¡Enróllate, Señor!

La fiestas- ¡Esa sí que ha sido buena!.

La hippie- No tenéis sensibilidad alguna. Estamos solos en el mundo y vosotros estáis de broma.

La fiestas- ¡Joder con Doña Alcachofa! Se pone ahora en contra nuestra. Habíamos quedado en que íbamos a celebrar la Nochevieja pacíficamente, pero, ¡vamos, menuda una fiesta!

La racional- Es difícil estar de fiesta, cuando la humanidad se ha ido a la mierda y solo quedamos nosotros. cuatrp locos encerrados en un bunker.

El borracho- Pues nada, es mejor estar amargados todo el día, o ponerse a hacer batidos de remolacha, ¡Que estoy de ellos hasta el culo, que cago morado, coño!.

La fiestas- O aún mejor, ponerse a rezar a Dios, que ya vemos lo bien que ha funcionado.

La religiosa- Dios es lo único que nos mantiene con los pies en la tierra, que nos ayuda a seguir adelante, a no desfallecer.

Todos- *(Menos el asustado.)* ¡Por favor!.

(Silencio.)

El asustado- Creo que me tomaré una de esas copas.

(Se la va a servir. Todos le miran atónitos, en silencio.)

La racional- ¿En serio?.

El asustado- Ya nada tiene sentido. No podemos hacer nada más que disfrutar del tiempo que nos quede.

La fiestas- ¡Eso, claro que sí! Tiene toda la razón del mundo...¡Música y alcohol!.

El borracho- ¡Sobre todo alcohol!.

(De pronto, empieza de nuevo el despiporre, todos bailan, cantan, charlan.)

El borracho- ¡El mundo se ha ido a la mierda, pero bailemos!.

La racional- La humanidad se ha convertido en una comunidad zombi, pero cantemos.

El asustado- Pero no hace falta chillar, mejor bajito.

(Todos ríen. Suena una voz en off. "Buenos días, señoras y señores, el comedor social cerrará sus puertas en un minuto. ¡Gracias por su paciencia! Les esperamos mañana a la misma hora de siempre. Esperamos poder atenderles. ¡Gracias, que tengan buen día!" Cambio radical de todos los personajes.)

La religiosa- Otro día más que se nos pasa sin que nos atiendan.

El asustado- Yo me voy, mañana quiero venir temprano a ver si puedo entrar y comer algo.

El borracho- Seis años en la calle y raro es el día que pueda comer algo en este sitio.

La fiestas- ¡Paciencia, mañana traeré vino! Al menos aquí no hace frío.

La racional- En vez de la Nochevieja, mañana podemos celebrar Carnaval. Por cambiar un poco la historia.

La hippie- Así se pasa divinamente la mañana. Yo traeré alguna peluca. Conozco un contenedor donde las tiran.

El borracho- ¡Un placer, como siempre!... ¡Venga, tiro para la plaza! A ver si hoy hay suerte y me saco unas monedas. ¡Hasta mañana!.

El asustado- ¡Que paséis buena noche, hoy va a estar muy fría!.

La hippi- ¡Buenas noches!.

La fiestas- ¡Espera, hoy me apunto contigo al cajero automático! Va a caer una helada bien gorda…¡ Hasta mañana!

La religiosa- ¿Tú crees que estamos locos?.

La racional- No, pero es que la realidad es más cruda que la ficción. Por eso, a veces, es mejor inventar. Anda, vamos. ¡Y Feliz Navidad!.

(Salen)

FIN

-NEGOCIOS-

(Pasan de las 12. Puri y Elena llegan al local de moda. El marido de Puri está de viaje y han decidido salir para distraerse. En otra mesa del local, hay una pareja muy acaramelada).

Música bajita.)

Puri- Elena, verás como este sitio te encanta. Es el local de moda, todo el mundo que es alguien viene. Además, nos han guardado una mesa.

Elena- No sé, Puri, ¡hace tanto que no salgo! La verdad, estoy desentrenada. Desde que tuve a los niños, a las once caigo muerta, con lo que yo he sido...

Puri- Pues hija, Elena, hay que aprovechar. Los niños están con la abuela, y tu marido de viaje de negocios. Así que tú relájate y disfruta.

Elena- La verdad es que el sitio está bonito. Si señor, ¡muy moderno!

Puri- Pues hay sorpresa, todas las noches hay actuación, y me han dicho que son todas una pasada.

Elena- ¿Ah si?, ¿Pero, actuación de qué? ¿No será nada guarro, que a mi ya sabes que esas cosas me ponen nerviosa?...

Puri- No, mujer, actuaciones musicales, y, a veces de cabaret; pero todo muy fino, nada salido de tono... ¡Es un sitio elegante!

Elena- Yo, de momento, me voy a tomar un copazo a ver si me animo.

Puri- Así me gusta, ¡si señor!. Mira, por ahí viene el camarero...

(Aparece Lulo, con cierto mal humor.)

Lolo- Buenas noches, señoras, ¿que se les ofrece?.

Puri- Han tardado un poquito en venir…, ¿no?.

Lolo- Oiga, yo acabo de empezar el turno Eso dígaselo a mi compañera.

Elena- Bueno, bueno, tranquilo. A mi tráigame un gintonic con una rajita de pepino y dos bolitas de pimienta.

Lolo- La pija...

Puri- ¿Como ha dicho?.

Lolo- ¿Que qué ginebra quiere...?

Elena- Bombay.

Lolo- Sí, señora, como no...

Puri- A mi tráigame un vermut de toda la vida.

Lolo- Sí,señora, ¿y un pincho de tortilla?....

Puri- ¿Perdone?

Lolo- Que sí, coño, que ya se lo traigo. *(Sale)*

Elena- El sitio será muy fino, pero, ¡coño con los camareros! Parece que no les pagan...

Puri- Tendrá un mal día... *(A parte)* Oye, ¿te enteraste de lo de Amaya?.

Elena- ¿La del gimnasio?.

Puri- Sí, que el marido se los está poniendo, pero bien, con una treíntañera... ¡Que vergüenza!.

(Quedan cotilleando. La escena pasa a la mesa de al lado. La pareja.)

Armando- Silvia, ¿qué te pasa? Te noto rara esta noche...

Silvia- Estoy un poco harta, Armando, solo es eso...

Armando- ¿De qué cariño? ¿Es el trabajo?,¡Si es que te tiene agotada, ya te dije que dejaras lo de la moto y andar repartiendo pizzas por ahí, que eso no es para ti!.

Silvia- ¿Y de qué coño quieres que viva?.

Armando- Yo puedo dejarte algo...

Silvia- Sin que se entere tu mujer, claro...

Armando- No seas injusta, Silvia... Ya sabes lo que hay...

Silvia- ¡Sí, ya sé lo que hay! Hay una situación de mierda. Y yo estoy harta. Nunca vas a dejar a tu mujer, lo sé, vas a seguir ahí, aguantando, porque estás encantado, teniéndonos a las dos. Ella para que te planche las camisas, y yo para que te las desabroche...

Armando- Siempre estamos con lo mismo. Sabías donde te metías. ¿No podemos dejarlo por una noche siquiera? ¿No puedes pensar en otra cosas? Disfrutar, dejarte llevar...

(Se oye una voz en off. Lolo le ha traído ya las bebidas a las chicas.)

Voz en off- "Señoras y señores, El "Negocio Club" tiene el honor de presentarles a la maravillosa, la divina, la sensual, a la esperpéntica y espectacular... ¡MIRANDA DOSMIL!...

(Sale Miranda, estupenda y divina, con un micrófono, e interpreta el tema "Soy lo prohibido" de Olga Guillot, en playback. El público aplaude. Miranda se pasea cantando entre las mesas. Por fin llega a la mesa de Puri y Elena. Elena se levanta indignada)

Elena- ¿Ricardo?...

Ricardo- ¡Hostias!...

Puri- ¿No me jodas?

Silvia- Parece que esa mujer conoce al tío que canta...

Armando- Menudo marrón...

Elena- ¿Me puedes explicar qué coño haces así vestido en este sitio, delante de todo el mundo?... ¿Armando?...

Ricardo- Elena, cariño... esto... esto... esto no es...

Elena- ¡No tengas la desfachatez de decirme que esto no es lo que parece, Ricardo, porque no puede ser otra cosa, no puede ser otra cosa que una broma de mal gusto, ¡Joder, te has puesto tetas!...

Ricardo- Son globos de agua...

Puri- ¡Joder con el glamour del club nuevo!... ¡Globos de agua!.

Elena- ¡Explícame ahora mismo qué coño es esto, Ricardo!...

Ricardo- Esto... yo... es que...

Armando- ¡Coño, Puri!... !Joder!...

Silvia- ¿Armando, qué pasa? ¿Conoces a esas mujeres?.

Armando- Bueno, la del pelo corto me suena...

Silvia- ¿Quien es?...

Armando- Es mejor que nos vayamos. Aquí se va a armar muy gorda con ese tema, y será mejor no verlo ¡Vayamos al hotel!...

Silvia- ¿Al hotel? No me he acabado la copa...

(Forcejean entre irse o quedarse)

Puri- ¡Venga, Elena, mujer!...

Ricardo- Es que pagan muy bien, y...

Elena- ¿Esa es tu excusa? ¿Te vistes de mujer y cantas en playback delante de todo el mundo a mis espaldas, porque pagan bien?....

Ricardo- Está al lado de casa...

Elena- ¡Ricardo, vas a acabar conmigo!... ¡Esto es increíble, qué vergüenza!....

Puri- Espera, mujer, que se te está corriendo todo el rimel. *(Se acerca a la mesa de al lado).* Perdonen, ¿no tendrán un clinex para mi amiga? La pobre se acaba de enterar de que la Miranda ésta, el travesti que canta, es el marido. ¡No vean qué bochorno!...

Silvia- No tengo, lo siento.

Puri- Pues nada... *(De pronto, reconoce a Armando).*¿Armando? ¿Qué haces tú aquí? ¿No estabas en casa de tu madre?...

Silvia- ¿Armando, quién es ésta?.

Puri- Su mujer. ¿Y tú quién eres?.

Silvia- Yo no soy nadie... *(Se va a ir)*

Armando- Silvia, espera, no te vayas.

Puri- Eso, Silvia, no te vayas, que me va a contar mi marido qué coño hace aquí contigo.

Elena- Puri, ¿ pero qué pasa?.

Puri- Pues mira, hija, que tú tienes un marido maricón y yo uno putero.

Silvia- ¡Oiga, que yo no soy ninguna puta!.

Ricardo- Elena, cariño, déjame que te explique.

Elena- A mí no me expliques nada, ¡Y quítate el sujetador que me robaste del armario! Mira tú dónde estaba...

(Entra el camarero)

Lolo- Oye, Miranda, que dice el jefe que esto tiene que seguir, ¿Que qué ha pasado?...

Ricardo- ¡Ay, Lolo, pues está la cosa algo complicada!...

(Lolo reconoce a su hija, y su hija a él.)

Lolo- ¿Silvia?.

Silvia- ¿Papá?.

Armando- ¿Cómo papá?.

Puri- ¡Lo que faltaba, el padre es el proxeneta!

Silvia- Señora, ya le he dicho que no soy ninguna puta.

Lolo- ¿Pero, qué haces aquí?...¿Y con el marido de esta señora?

Silvia- ¿Y tú? Se suponía que estabas jugando al cinquillo en casa de Agustín- Pero, papá, ¿por qué tienes que trabajar aquí?.

Lolo- Me han echado de la oficina... Y no me he atrevido a decírselo a tu madre...

Silvia- ¿Cómo?

Ricardo- ¿Hago el otro tema, o ya...?

Elena- ¡Cómo se te ocurra volverme a dejar en ridículo, te largas de casa, Ricardo! ¿Es que no has tenido bastante?.... *(Sale)*

Ricardo- Elena, espera, no puedo correr con estos tacones... *(Sale detrás de ella)*

Puri- Armando, ¿me vas a explicar quéen coño es ésta o le cruzo la cara sin más?.

Armando- Puri, yo, bueno, Silvia es una amiga...

Silvia- ¿Así que soy eso?..., ¡UNA AMIGA!... ¡Joder, Armando, esto es increíble!.

Puri- Una amiga a la que le tocas la pierna en un bar más allá de las doce, ¡claro que sí!...

Silvia- ¡Eres un gilipollas, me tienes harta, no me vuelvas a llamar...! *(Sale)*

Lolo- ¡Desgraciado, que le has hecho llorar a mi niña...! *(Va a por él)*

Armando- Puri, dile algo…¡Cariño, yo a ti te quiero mucho! Por Dios, ¡ayúdame!...

Lolo- Señora, será mejor que se aparte...

Puri- Sí señor, con mucho gusto. Dele en la nariz que la tiene delicada de un golpe que se dio esquiando...

(Salen uno detrás del otro)

Puri- *(Coge la copa de su mesa.)* Pues ha estado divertida la noche, sí... ¡Ahora ya sé por qué decían que este club está de moda!... *(Sale)*

-FIN-

Gracias por leer teatro, ver teatro, hacer teatro...
Dale vida a estos personajes. No los dejes en el papel...
Han nacido para ser, estar y padecer sobre un escenario...

Printed by Books on Demand GmbH, Norderstedt / Germany